**여성은
인간인가?**

IVP(InterVarsity Press)는
캠퍼스와 세상 속의 하나님 나라 운동을 지향하는
IVF(InterVarsity Christian Fellowship)의 출판부로
생각하는 그리스도인을 위한 문서 운동을 실천합니다.

Originally published by Victor Gollancz Ltd, London in 1946
under the title *Unpopular Opinions* by Dorothy L. Sayers.

Korean edition © 2019 by Korea InterVarsity Press,
156-10 Donggyo-Ro, Mapo-Gu, Seoul 04031, Republic of Korea.

**여성은
인간인가?**

잃어버린 인간의 형상,
여성에 관하여

도로시 세이어즈
양혜원 옮김

Ivp

차례

여성은 인간인가? 6
인간이 아닌 인간 38

Are Women Human? 58
The Human-Not-Quite-Human 94

여성은 인간인가?

어느 여성 단체에서 한 연설, 1938년

이 자리에 와서 강연을 해 달라는 부탁을 받았을 때, 제게 연락을 준 비서가 말하기를, 제가 페미니즘 운동에 분명 관심이 있을 거라더군요. 그래서 저는 미안하지만 약간은 짜증 섞인 목소리로 대답했습니다. 흔히들 쓰는 표현으로 제 자신과 페미니즘을 '동일시하고' 싶은지 잘 모르겠다고, 그리고 옛날에 쓰던 의미로서의 '페미니즘'은 이미 지나갔다고 말이죠. 나아가 현재와 같은 상황에서는 공격적 페미니즘이 좋은 영향보다는 나쁜 영향을 더 많이 미칠 것이라고 생각한다는 말까지 한 것 같습니다. 그 결과, 어쩌면 당연하게도 저는 이러한 제 입장에 대해 설명해 달라는 요청을 받았습니다.

상대의 기분을 상하지 않게 하고 또 오해의 소지를 없애면서 제가 하는 말의 의미를 정확하게 설명하는 일이 쉽지는 않지만, 시도해 보겠습니다.

'성 평등' 문제는 인간관계에 영향을 미치는 다른 모든 문제와 마찬가지로 조심스럽고 복잡합니다. '여자도 남자만큼 잘한다' 혹은 '여자는 가정에 있어야 한다' 혹은 '여자가 남자의 일자리를 가져가서는 안 된다'와 같은 요란한 구호나 확고한 단정으로 해결될 수 있는 문제가 아닙니다. 일단 단정을 내리면 설명을 덧붙여야 합니다. '여자도 남자만큼 잘한다'라는 말은 '아프리카 흑인도 프랑스인만큼 잘한다' 혹은 '시인도 기술자만큼 잘한다' 혹은 '코끼리도 경주마만큼 잘한다'는 말만큼이나 의미가 없는 말입니다. 여기에 '무엇을 잘하는가?'라는 말을 덧붙이지 않는 한 이 말들은 의미가 없습니다. 종교적 의미에서 하나님의 눈에는 아프리카 흑인이 프랑스인만큼 소중하지만, 일반적으로 아프리카 흑인은 일반적으로 프랑스인보다 문학 비평에 소질이 없을 테고, 일반적으로 프랑스인은 일반적으로 아프리카 흑인보다 사냥하는 동물의 흔적을 추적하는 데 소질이 없을 것입니다. 그러나 양쪽 모두 예외는 있습니다. 이것은 대체로 유전과 교육의 문제입니다. 시인과 기술자를 비교할 경우, 근본적 기질 차이를 생

각해야 합니다. 그런데 이 문제는 일반적으로 국가 혹은 인류를 위해서 시가 더 '나은가' 아니면 기술이 더 '나은가' 하는 엄청난 사회 문제 탓에 더 복잡해집니다. 이 세상에는 기술자만 있는 게 더 낫다고 생각하거나 혹은 시인만 있는 게 더 낫다고 생각하는 사람이 있을 수 있지만, 대부분은 양쪽 모두 적당 수가 있는 게 좋다고 생각합니다. 물론 그렇다면 시인과 기술자의 비율이 어느 정도가 좋으냐 하는 데서 다시 한번 다들 의견이 갈리겠지요. 따라서 우리가 여기에 더해야 할 유일한 조건은 몽상가와 시적 기질을 지닌 사람은 기계를 만지지 말아야 하고, 기계적 사고를 하는 사람은 형편없는 시집을 내서는 안 된다는 것뿐입니다. 코끼리와 경주마의 경우, 움직이기 힘든 물리적 차이가 있습니다. 코끼리는 경마 성적이 형편없을 테고, 경마에서 한 번도 진 적이 없는 에클립스라는 말은 나무둥치를 끄는 일에 있어 코끼리를 앞지르지 못할 것입니다.

이런 말들은 너무도 당연해서 말할 필요조차 없다고 느껴집니다. 그러나 모든 사회 운동은, 아무리 의도가 좋더라도 흥분한 창시자들이 너무 들뜬 나머지 이런 아주 당연한 것들을 놓친다는 특징이 있습니다. '여자는 더 연약한 그릇이다' 혹은 그것보다 더 기분 나쁜 '여자는 신성한 존재다'라는 아주 오래된 구호에 반발해서 '여자도 남자만큼 잘한다'라는 말을, 그 의미가 정확히 무엇인지 제대로 생각해 보지 않은 채 그냥 내질렀다고 저는 생각합니다. 정작 우리가 해야 하는 말은 오히려 너무도 당연해서 아무도 신경 쓰지 않는 말입니다. 그러니까, 모든 여자는 여성으로서 여느 남자만큼이나 강하고, 똑똑하고, 예술적이고, 현명하고, 부지런하고…, 하지만 여자도 남자만큼이나 평범한 인간이어서 개인마다 기호가 다르고 따라서 자신의 기호와 선호를 가질 권리가 남자와 동일하게 있다는 말입니다. 누구라도 한 개인으로서가 아니라 언제나 한 그룹의 일원으로 인식되면 기분이 나쁩니다. 현실적 차원에서 몇 가지 분류는 물론 필요합니다. 예를 들어 여성이 남성보다 뼈대가 작고, 옷을 가볍게 입고, 남성보다 머리에는 털이 더 많고 얼굴에는 털이 더 적고, 남성보다 교회나 영화관에 꾸준히 가고, 시끄러운 아기들에 대해 조금 더 인내심이 많다고 말할 수 있습니다. 마찬가지로 남자건 여자건 몸집이 좀 있는 사람이 마른 사람보다 일반적으로 성격이 더 좋고, 남자건 여자건 대학 교수가 농부보다 말 한마디 한마디를 더 따지고, 남자건 여자건 공산주의자가 파시스트보다 더 과격하거나 혹은 반대로 파시스트가 공산주의자보다 더 과격하다고 말할 수 있습니다. 합리적이지 않을뿐더러 짜증까지 돋우는 점은, 개인의 모든 기호와 선호가 자신이 속한 그룹에 준해야 한다는 가정입니다. 이것이 바로 남자라면 누구나 여자에 대해 생각할 때 종종 빠졌던 오류고, 페미니스트들도 이 오류를 어느 정도 범하는 것 같습니다.

예를 들어 '요즘 여자들은 항상 남자들이 하는 대로 따라 하려고 한다'는 매우 특이한 비난을 봅시다. 이 말은 상당 부분 사실이기도 하고, 또한 상당 부분 순전히 난센스이자 다소 악의적인 난센스이기도 합니다. 과거에 남자들만 누렸던 몇 가지 직업들과 즐거운 일들이 있습니다. 예를 들어 한때는 남자들이 고전 학문을 독점했습니다. 여자들에게 대학의 문을 열어 준 선구자들이 여자들도 대학에 갈 수 있어야 한다고 요구하자 순식간에 반격이 왔지요. "여자들이 아리스토텔레스(Aristotle)는 알아서 뭐하게?" 이 질문에 대한 대답은 **모든** 여성이 아리스토텔레스를 아는 게 좋아서가 **아니라**, 그리고 테니슨 경(Lord Tennyson)이 생각하는 것처럼 여성들이 아리스토텔레스에 대해 알면 더 나은 아내가 될 것이기 때문은 더더욱 아니라, 단순히 "여성들이 하나의 그룹으로서 무엇을 원하는지와는 상관없는 문제다. **내가** 아리스토텔레스에 대해 알고 싶다. 대부분의 여성이 아리스토텔레스에 대해 관심이 하나도 없는 게 사실이고, 상당히 많은 남자 학부생들도 그를 생각하면 머리가 하얘지지만, 독특한 개인인 나, 내가 아리스토텔레스에 대해 알고 싶다는 것이고 내 모습이든 몸의 기능이든 그 어느 것도 내가 그에 대해 아는 것을 막을 이유가 하나도 없다고 나는 주장한다"는 것입니다.

이 싸움은 여성들의 승리로 끝났고 마땅히 그렇게 되어야 했습니다. 하지만 여성들의 대학 교육에는 어리석은 면도 있습니다. 최근에 저는 유감스럽게도 여자 대학들이 실패와 어리석은 면까지도 '남자들을 따라 하려는' 경향이 있음을 보았는데, 이는 그다지 바람직하지 않습니다. 남자 대학의 구조는 독재적이고 구식이고 여러 면에서 비효율적입니다. 그런데 좀더 민주적 노선을 따라 설계된 여자 대학들이 중세 시대에 틀이 잡힌 남자 대학의 구조를 답습하려는 경향이 있습니다. 이는 바람직하지 않습니다. 대학을 위해서도 좋을 게 하나 없고, 좋은 방향으로 발전하는 길을 막습니다. 게다가 여학생들이 남학생들의 어리석은 행동을 따라 하고 심지어 능가하는 어이없는 경우도 있습니다. 기숙사 통금 시간이 지나서 술에 취해 들어와 외출 금지를 당하는 일은, 그저 흥에 겨워 그런 것이라면 바보 같긴 해도 무해한 일입니다. 그러나 '남자들도 그렇게 하니까' 한 것이라면 그것은 바보보다 못한 일입니다. 자발적 행위도 아닐뿐더러 어이없는 행실이기 때문입니다.

바른 종류의 페미니즘과 그른 종류의 페미니즘의 차이를 간단하게 예를 들어 설명해 보겠습니다. 주교들의 심기를 크게 불편하게 만드는, 바지를 입고 다니는 여성들을 봅시다. 우리는 이런 질문을 받습니다. "왜 바지를 입고 다니려 하느냐? 아주 볼썽사나운데, 그냥 남자들 따라 하려고 하는 거 아니냐?" 이러한 질문에 대해 우리는 이렇게 아주 바르게 대답할 수 있습니다. "볼썽사나운 것은 사실이다. 남자들이 입고 다니는 모습도 여간 볼품없지 않다. 하지만 남자들도 알다시피 입으면 편하고, 활동할 때 치마처럼 방해를 받지도 않고, 발목에 바람이 닿는 것

도 막아 준다. 인간으로서 나는 편안한 것을 좋아하고 바람이 닿는 것을 싫어한다. 바지가 별 매력이 없다면 그거 참 안됐다. 지금 나는 당신의 관심을 끌고 싶지 않으니까. 나는 인간으로서 즐기고 싶을 뿐이고, 그러지 못할 이유가 무엇이겠는가? 너희를 따라 한다는 것에 대해서는, 너희가 바지를 먼저 고안해 냈으니 거기까지는 따라 할 수밖에 없다. 그러나 이 유용한 옷을 멜빵으로 우리 몸에 부착시킬 정도로 우리가 대책 없는 따라쟁이는 아니다. 바로 거기에서 우리는 선을 긋는다. 이 가죽과 고무줄의 장치는 여성의 몸에 필요도 없고 어울리지도 않는다. 게다가 그 모양새가 말도 못하게 이상하다. 그리고 바지 입는 것을 망측하다고도 하는데, 적어도 우리 차림이 코트를 벗었을 때 남자들처럼 셔츠와 멜빵 차림, 즉 반은 벗은 것 같은 잠옷 차림은 아니지 않은가."

이와 같이 여자가 또다시 남자들만 누리던 특권에 손을 댔다는 말을 들을 때마다, 스스로에게 물어야 한다고 저는 생각합니다. '이것은 바지인가, 멜빵인가? 인간에게 유용하고 편리하고 적합한가? 아니면 우리에게 불필요하고 볼썽사나운데 단지 다른 사람의 소유를 취하기 위해 가지려 하는가?' 직업의 경우 "이야, 여자도 해냈다!"라고 말하기 위해서 남자의 일자리를 가져간다면 그것은 터무니없는 것입니다. 어떤 직업이든 그것을 취하는 유일하게 바른 이유는 그것이 **우리의** 직업이고, **우리가** 그 일을 하고 싶어 한다는 점입니다.

이 시점에서 이런 말을 하는 사람이 있을 것입니다. "그거 다 좋은데, 실제로 여자들은 남자를 계속 따라 하려 **한다**. 여자는 확실히 **열등한** 존재다. 일반적으로 남자들이 여자들의 일자리를 가져가려는 경우는 없다. 강제로 가정으로 밀고 들어가서 여성들의 마땅한 일자리를 뺏는 일은 없지 않느냐."

물론 그렇지 않습니다. 이미 그렇게 했기 때문입니다.

여자들이 원래 하던 일, 즉 투표권과 여성의 권리 등에 대해 말하기 전인 과거에 잘하던 일을 고수해야 한다는 생각을 받아들인다 칩시다. 중세로 돌아가 몇 가지 정치적·교육적 특권을 포기하는 대신 우리가 얻는 게 무엇인지 물어봅시다.

직업 목록은 상당합니다. 방적 산업 일체, 염색 산업 일체, 직조 산업 일체가 있습니다. 케이터링 산업 일체, 그리고 애스터 부인(Lady Nancy Astor, 영국의 첫 여성 하원 국회의원으로 여성과 청소년을 위한 정치 활동을 많이 했다—옮긴이)은 탐탁지 않아 할, 국가의 모든 양조업과 증류업도 있습니다. 식품 보존과 절임 및 가공 산업 일체, 베이컨 산업 일체. 그리고 (당시에는 남자들이 전쟁이나 사업 때문에 몇 달씩 집을 비우는 경우도 많았기 때문에) 상당 부분의 토지 부동산 관리와 같은 일들이 여자들의 직업이었습니다. 그런데 그것이 어떻게 되었습니까? 모두 남자들이 하고 있습니다. 여자의 자리는 가정이라는 말도 좋습니다. 하지만 현대 문명은 여성들이 집에서 하던 이 모든 즐겁고 이윤 남는 활동들을 대형 산업에 넘겨주고 남자들이 큰 공장의 주인이 되어 조직하고 관리하게 했습니다. 심지어 단출한 두건을 쓰고 다니던 소젖 짜는 여인의 자리를 기계 착유 시설을 담당하는 남자 기술자가 대신했습니다.

이제 대형 산업체에서 이 일을 하는 남자들이, 과거에 집에서 이 일을 하던 여자들보다 더 잘할 수 있습니다. 그러나 가정에는 이전보다 훨씬 재미없는 일만 남아 있다는 사실에는 변함이 없습니다. 게다가 작은 아파트처럼 집의 규모가 한참 작아져서 여자들이 하는 일을 아이를 낳고 가족을 돌보는 일로 제한한다 하더라도 그것조차 제대로 할 공간이 없습니다. 현대 여성들에게 할머니 세대처럼 아이를 열둘 낳으라고 해도 소용이 없습니다. 그렇게 낳으면 어디에서 키웁니까? 게다가 어떤 현대 남성이 그렇게 많은 아이를 원할까요? 여성들의 전통적 직업을 가져가 버리고는 그들이 새로운 일을 찾는다고 불평하는 것은 정말로 바보 같은 일입니다. 모든 여성은 인간입니다. 이

말은 아무리 반복해도 지나치지 않습니다. 그리고 인간은 이 세상에서 애물단지가 되지 않으려면 **반드시** 일이 있어야 합니다.

저는 양조업과 제과 제빵 산업을 남자들이 가져갔다고 불평하는 게 아닙니다. 그들이 여자들만큼 혹은 그들 이상으로 술을 잘 만들고 빵을 잘 만들 수 있다면, 그 일을 하라고 하십시오. 하지만 이것도 가지고 저것도 가질 수는 없습니다. 그 일을 가장 잘하는 사람이 해야 한다는 매우 건전한 원칙을 세우려면, 그 원칙은 보편적으로 적용되어야 합니다. 여자가 남자보다 회사 일을 더 잘한다면 회사에서 일해야 합니다. 어떤 여성 개인이 일급 변호사, 의사, 건축가 혹은 기술자가 될 수 있다면, 그 일을 시도하게 해 주어야 합니다. 일이 먼저라는 원칙을 세웠다면, 남자든 여자든, 뚱뚱하든 말랐든, 키가 크든 작든, 못생겼든 잘생겼든, 그 일을 다른 누구보다도 잘할 수 있는 사람에게 그 직업의 자리는 열려야 합니다.

그런데 여자는 일이 먼저가 아니라는 말을 종종 합니다. (사람들은 외칩니다) '여자들이 이 자유를 가지고 무엇을 하는가? 어떤 여자가 집과 가족보다 직업을 더 좋아한단 말인가?' 그런 사람은 별로 없다고 저도 인정합니다. 안타깝게도 여성들은 둘 중 하나를 선택해야 하는 경우가 많습니다. 일반적으로 남자는 선택할 필요가 없습니다. 그는 둘 다를 가집니다. 사실 집과 가족을 원한다 할지라도, 많은 경우 남자는 할 수만 있다면 직업도 같이 가져야 합니다. 그럼에도 엘리자베스 1세 여왕(Queen Elizabeth I)이나 플로렌스 나이팅게일(Florence Nightingale)처럼 선택권을 갖고 직업을 택해 성공한 여자들이 있습니다. 그리고 여자를 위해서 자기 경력이나 직업을 희생한 남자들도 많고, 때로는 그렇게 함으로써 안토니우스(Antony)와 파넬(Parnell)처럼 망한 경우도 있습니다(안토니우스는 이집트 여왕 클레오파트라의 남편, 파넬은 아일랜드 정치가 찰스 스튜어트 파넬을 일컫는다—옮긴이). 그래서 **선택**을 한다면, 모든 남자와 여자가 인간 개인으로서 선택해야 하고, 그리고 인간답게 그 결과를 책임져야 합니다.

인간으로서 말입니다! 무슨 새로운 일이라도 발견한 양, 몇몇 여성 직장인들에게 물어보니 모두가 "사무실에서 일하는 데 넌더리가 난다. 정말 벗어나고 싶다"더라고 떠벌리고 다니는 사람들이 저는 늘 흥미롭기도 하고 짜증 나기도 합니다. 정말이지 사람이라면 **누구라도**, 때로는 진심으로 사무실에 넌더리가 나고 거기에서 벗어나고 싶지 **않겠습니까**? 여자 직장인들의 시간은 사무실을 벗어나고 싶어 하는 불만에 찬 남자 동료들에 공감해 주느라 날마다 낭비되고 있습니다. 그 어떤 인간도 일이 매일같이 좋지는 않습니다. 일은 저주스러울 때가 있고 따라서 여성이 끊임없이 이어지는 일을 **좋아했다면** 여성은 결코 인간이 아닐 것입니다. 인간이기 **때문에** 여성은 다른 누군가와 마찬가지로 일을 좋아하기도 하고 싫어하기도 합니다. 끝도 없는 빨래와 요리를 싫어하듯, 끝도 없는 타이핑과 계산대 일을 싫어합니다. 어떤 사람들은 걸레질보다는 타이핑이 낫다고 하지만, 그렇다고 해서 그들이, 인간으로서, 기분에 따라 '망할 타자기' 하면서 분을 낼 권리가 없지는 않습니다. 날마다 '망할 타자기' 하면서 분을 내는 남자들은 수도 없이 많습니다. 그렇다고 해서 그들이 단순한 바느질을 하는 것을 더 행복하게 여길 것이라는 말은 아닙니다. 여자도 마찬가지입니다.

현실적 필요보다 직업을 앞세우는 여자는 매우 드물다고 앞에서 인정했습니다. 나아가 그런 남자 또한 매우 드물다고 저는 생각합니다. 사실 직업 자체 때문에 자기 직업에 열심인 사람은 아마도 천에 하나일 것입니다. 차이는 천에 하나인 그 사람이 남자라면 우리는 그저 그가 자기 일에 대한 열정이 매우 크다고 말을 하고, 그 사람이 여자라면 좀 이상한 여자라고 말한다는 점입니다. 예를 들어 과거에 역사학자들이 엘리자베스 1세 여왕의 '문제'라고 즐겨 부르며 거기에 빠져 있었던 모습은 매우 흥미

롭습니다. 이들은 그녀가 국왕으로서 성공한 것과 그녀의 사연 많은 결혼 정책에 대해 아주 복잡하고 놀라운 이유들을 만들어 냈습니다. '벌리 경의 도구였다, 레스터 백작의 도구였다, 에식스 백작에게 당했다, 병이 있었다, 외모가 이상했다, 여장 남자였다' 등이었지요. 그녀는 신비로운 존재였고 따라서 무슨 특이한 답이 있을 것이라고들 생각했습니다. 최근에 와서야 몇몇 계몽된 사람들이 그 답은 결국 아주 단순할지도 모른다는 생각에 도달했습니다. 즉, 그녀는 자기 일을 제대로 만났고 드물게 그 일을 다른 무엇보다도 우선시한 사람 중 하나였을지도 모른다는 것입니다. 그리고 그 생각과 함께 다른 모든 수수께끼가 마법처럼 풀렸습니다. '그녀는 레스터 백작을 사랑했다. 그런데 왜 그와 결혼하지 않았을까? 연인들과 결혼하지 않은 다른 많은 왕과 같은 이유에서다. 그러니까 국사에 지장이 생겼을 것이기 때문이다. 스코틀랜드 여왕 메리의 사형 집행 영장에 서명을 할 정도로 피에 굶주리고 여자답지 않았던 이유는 무엇일까? 조지 5세가 만약 상원이 의회 법안을 통과시키지 않으면 강제로 통과시킬 새 동료들을 만들어 낼 것이라고 말할 수밖에 없었던 것과 같은 이유에서다.' 그러니까 그 당시 관점에서 볼 때 그녀는 입헌 군주였고, 따라서 군주가 의회를 거역할 수 없는 지점이 있음을 알았기 때문이라는 것이지요. 자기 일에 몰두한 보기 드문 사람으로서 그녀는 필요한 일을 했을 뿐이고, 평범한 인간으로서 그녀도 탐탁지 않은 일을 시작할 때는 상당히 망설였습니다. 그러나 여성의 신비니 뭐니 하는 것에 대해 말하자면, 그런 것은 존재하지 않으며, 그녀가 남자였다면 그 누구도 그녀의 공무 수행 능력과 인간성을 신비롭다고 생각하지 않았을 것입니다. 놀라웠던 것은 사실입니다. 그러나 그녀 자신이 매우 놀라운 사람이었습니다. 그녀의 놀라운 업적 중 하나는 왕의 자리도 그 사람에게 맞기만 하다면 여자에게 특히나 잘 맞는 일이라는 것을 보여 주었다는 점입니다.

그렇다면 도대체 어떤 직업이 여성을 위한 직업인지 다시 한번 생각해 보지 않을 수 없습니다. 모든 여자가 모든 남자의 직업에 잘 맞는다고까지 말할 사람은 아마 드물 겁니다. 실제로 그런 말을 들으면 유난히 짜증이 납니다. 남자 음악가나 수학자만큼 여자 음악가나 수학자도 많다는 주장은 억지입니다. 사실이 아니니까요. 기껏해야 우리는 음악가 에설 스미스 여사(Dame Ethel Smyth)나 수학자 메리 서머빌(Mary Somerville) 같은 사람이 나타날 때마다 그들이 자신의 성이나 능력에 대한 비방을 당하지 않고 일을 할 수 있어야 한다고 주장할 수 있을 뿐입니다. 우리는 아무리 특이하고 관습에 어긋나도 우리가 인간 개인으로 존재할 수 있어야 한다고 요구해야 하는 것입니다. "너는 여자니까 인형을 좋아해야지"라는 말은 소용이 없습니다. 그 말에 대해 "하지만 나는 인형을 좋아하지 않는데요"라고 답을 한다면 더 이상 왈가왈부하지 말아야 합니다. 선천적으로 기계를 잘 다루는 여자는 드물어 보입니다. 하지만 만약 그런 여자가 있다면 그 일 말고 다른 일을 해야 한다는 주장은 쓸모없는 일입니다. 우리는 가끔씩 등장하는 천재적 여자 정비공을 근거로 모든 여자가 교육만 받으면 다 천재적 정비공이 될 수 있다고 주장하지 **말아야** 합니다. 그렇지 않습니다.

제가 볼 때 이렇게 많이 혼란스러워하는 이유는, 특별한 지식과 특별한 **능력**을 구분하지 않아서입니다. 소위 '여성의 관점'이라고 하는 게 중요한 문제들이 있는데, 그것은 특별한 지식과 관련이 있기 때문입니다. 주택과 실내 건축에 대해서는 여자들에게 자문을 구해야 합니다. 왜냐하면 현재 상황에서는 여자들이 여전히 주택과 부엌 개수대 등을 놓고 씨름해야 하고 그래서 이러한 문제에 대해 특별한 지식을 제공할 수 있기 때문입니다. 마찬가지로 (전부는 아니지만) 일부 여성들은 대다수의 남자들보다 아이들에 대해 더 잘 알며, 따라서 **여성으로서** 그들의 관점은 중요합니다. 마찬가지로 탄광에 대한 광부의 의견이 중요하고, 질병에 대한 의사의 의견이 중요합니다. 그러나 예를 들어 문학이나 금융과 같은 문제들에 있어서는 '여성의 관점'이 아무 의미가 없습니다. 사실은 아예 존재하지도 않습니다. 가끔 못 말리게 멍청한 사람이나 잡지 편집자들은 제게 '여성의 관점'에서 탐정 소설을 쓰는 것에 대해 이야기를 해 달라고 연락합니다. 그런 요청을 받으면 "그런 바보 같은 소리 그만두세요. 정삼각형의 여성적 각도는 무엇이냐고 묻는 거나 다름없군요"라는 말밖에는 할 말이 없습니다.

과거에 사람들은 여성들이 "국가 차원에서 생각할 수 없기" 때문에 의회에 들어올 수 없다고 말했습니다. 이 말을 굳이 해석하자면, 여성들의 사고는 협소하고 가정에 국한되어 있다는 뜻이겠지요. 그러니까 '여성의 관점'을 가지고 있다는 것입니다. 그런데 이제 여성들이 의회에 들어가니 사람들은 그들이 몇 안 되는 순수하게 가정적인 문제들을 제외하고는—심지어 그 문제에 있어서도 모두 생각이 다릅니다—'여성의 관점'에서 말하는 데는 전혀 기여하지 않고 다른 사람들처럼 정당의 노선에 따라 투표한다고 실망스럽다고 말합니다. 결국 이것은 불가능한 두 가지 일을 모두 하라는 것 아닙니까. 여성도 인간이며 따라서 인간처럼 생각하고 행동할 수밖에 없다는 점을 비평가들도 알 것 아닙니까. 도시 계획이나 자녀 교육 혹은 이혼이나 여성 점원 고용에 대한 문제들에 대해서는 '여성의 관점'을 생각해 볼 수 있습니다. 그 분야에 대해서는 여성들에게 특별한 지식이 있으니까요. 하지만 프랑화의 가치 절하나 단치히 통로(Danzig Corridor, 1919년 베르사유 조약에서 폴란드가 발트해 접근권으로 얻은 지역을 일컫는다—옮긴이)의 폐지와 같은 문제에 대한 '여성의 관점'이란 도대체 무엇입니까? 여성들이 특별한 지식을 갖고 있는 영역이라 하더라도 다른 전문가들과 마찬가지로 여성들도 서로 의견이 다를 수 있습니다. 의사들은 한 번도 논쟁을 하지 않고 과학자들은 언제나 서로 의견이 같습니까? 여자들은 양 떼처럼 다 한 무리를 지어서 움직여야 하는 **인간이 아닌 존재**입니까? 저는 사람들이 자기 능력이 되는 대로 그리고 건강에 따라 마음껏 와인이든 맥주든 마실 수 있어야 한다고 생각합니다. 그 반면 애스터 부인은 그 누구도 그 어떤 종류의 술도 마셔서는 안 된다고 생각합니다. 여기에서 어떤 게 '여성의 관점'입니까? 아니면 우리 둘 중 누구 하나는 성이 없는 것입니까? 만약 성이 없는 쪽이 저라면 저처럼 성이 없는 사람들은 아주 많습니다. 하지만 그렇게 생각하기보다는 여성도 인간이고 따라서 다른 인간들처럼 서로 의견이 다르다고 보는 편이 낫다고 생각합니다. 그렇다고 해서 그들의 의견이, 개인적 의견으로서 가치가 없다는 말이 아닙니다. 오히려 그 반대입니다. 능력이 많으면 많을수록 그들의 의견은 더 많이 다를 것입니다. 이 말은 '여성의 관점'을 요구할 수는 없으며, 여성의 특별한 지식만 요구할 수 있을 따름이라는 뜻입니다. 그리고 이 특별한 지식은 다른 모든 특별한 지식처럼 서로 일치한다는 보장은 없지만 중요합니다.

남자들은 태초부터 제법 심란하게 물었습니다. "도대체 여자들이 원하는 게 뭐야?" 여자가 여자로서 특별히 원하는 게 무엇인지는 저도 모릅니다. 다만, 인간으로서 그들은, 남자 여러분, 여러분이 원하는 것을 원합니다. 재미있는 직업, 즐길 수 있는 적절한 자유 그리고 충분한 감정의 분출구. 그 직업과 자유와 감정이 어떤 형태를 취하는지는 전적으로 개인에게 달려 있습니다. 남자들은 그렇다는 것을 알면서 왜 여자들도 그렇다는 점은 믿지 못할까요? 작고한 로렌스(D. H. Lawrence)는 성의 중요성을 무시했다고 결코 말할 수 없는 사람이고 성에 대해 쓸데없는 말도 많이 했지만, 너무도 자명한 사실이 받아들여지지 않는 것에 종종 놀라곤 했습니다. 그는 자신의 『기사선집』(Assorted Articles) 중 하나에서 이렇게 말했습니다.

남자는 여성을 동등한 존재로, 치마 입은 남자로, 천사로,

악마로, 동안으로, 기계로, 도구로, 가슴으로, 자궁으로, 한 쌍의 다리로, 종으로, 백과사전으로, 이상으로, 혹은 외설스러움으로 받아들일 용의가 있다. 그러나 한 가지, 남자가 여자를 받아들이지 못하는 것은 인간으로, 여성의 성을 가진 진정한 인간으로서다.

"인간으로서 받아들이다!" 그렇습니다. 열등한 계급으로서도 아니고, (페미니스트들이여, 부디 깨달으십시오) 우월한 계급으로서도 아닙니다. 사실상 아무런 계급으로서도 아닙니다. 그러한 분류가 유용한 상황을 제외하고는 말입니다. 오늘날 우리는, 범주는 특정한 목적을 위해서 존재할 뿐 그 목적이 다하면 바로 버려야 한다는 사실을 잊은 채, 사람을 고정된 범주로 분류하려는 경향이 너무 강합니다. 남자와 여자는 근본적 차이가 있지만, 세상에서 근본적 차이란 그것만 있는 게 아닙니다. 제 가정부 아주머니와 저는 버나드 쇼(Bernard Shaw)와 비교할 때 공통점이 더 많습니다. 하지만 예술과 문학에 대해 토론할 때는 아마도 각자의 가정부 아주머니와 비교할 때 쇼와 저의 근본적 관심사가 더 비슷할 것입니다. 그렇다 하더라도 고기를 먹는 방법에 대해서 쇼와 저의 의견은 극명하게 갈릴 테고—이는 성차 때문이 아닙니다—이 점에 대해서는 작고한 체스터턴(G. K. Chesterton)이 자신의 성을 대변하는 대신, 저와 편을 같이할 것입니다. 다른 한편으로는 남자든 여자든 저희 세대 다수는 기꺼이 동의하지만, 자라나는 젊은 세대의 남자와 여자는 우리에 대해 이해할 수 없는 바보들이라고 생각하는 부분도 있을 것입니다. 나이 차는 성차만큼 근본적입니다. 국적도 마찬가지입니다. 모든 범주는 그것이 필요한 직접적 목적을 넘어서까지 강조되면 그룹들 사이의 반목을 형성하고 국가의 분열을 가져옵니다. 그렇기 때문에 위험한 것입니다.

얼마 전 대중 신문의 상담 칼럼 지면에 실린 어느 한심한 신사의 편지를 보았습니다. 자신의 결혼 관계를 위협

하는 작은 사건에 관한 글이었는데, 아래와 같습니다.

저는 결혼한 지 11년이 되었고 결혼기념일을 아주 중요하게 생각합니다. 한 달 전부터 아내에게 알려 주고 그날 저녁을 성공적으로 보내기 위한 계획을 세웁니다. 그러나 저와 다르게 아내는 결혼기념일에 관심이 없습니다. 제가 미리 알려 주지 않으면 그날의 의미에 대해 아무런 생각도 하지 않고 그냥 지나가 버립니다. 결혼기념일이 여자들에게는 매우 중요하다고 알고 있었는데, 아내의 이런 무관심을 설명해 줄 수 있을까요?

일반화에 익숙한 이 안타까운 신사는 자기 아내가 '여성'의 범주에 맞지 않으면 무언가 잘못되었다고 생각하는 것입니다! 어쩌면 그 부인은 우스개 이야기들에 나오는 모든 전형적 여자들과 같은 범주로 떠밀리는 것을 싫어하는지도 모릅니다. 만약 그렇다면 저는 그 여자를 이해합니다. 대책 없이 흘러가는 햇수와 나이 먹음을 상기하기 싫어할 수도 있는 한 개인이 아닌, 자신의 불행하고 탈 많은 성에 부과된 관습적 감성대로 따라야 하는 '일개' 여자로 인식되는 게 여자니까요.

한번은 어떤 남성이 제게 물었습니다. 아주 즐거운 저녁 식사 끝 무렵이었고 그의 칭찬은 그러한 상황에서 비롯되었을 수 있습니다만, 그는 제 책에서 남자들끼리 있을 때의 대화를 어떻게 그렇게 자연스럽게 잘 썼느냐고, 혹시 남자가 많은 대가족 속에서 자랐느냐고 물었습니다. 저는 오히려 그 반대로 무남독녀였고 대략 스물다섯 살이 될 때까지 내 또래의 남자는 만나 보지도 못했고 이야기해 보지도 못했다고 대답했죠. 그러자 그는 "여자가 [저를 일컫는 말입니다] 그렇게 설득력 있게 잘 쓸 수 있으리라고는 생각하지 못했습니다"라고 말하더군요. 그래서 저는 제 작품 속 남자들이 최대한 일반 사람처럼 말하게 만드는 것으로 그 어려움을 극복했다고 대답했습니다. 이

대답은 그를 놀라게 한 것 같았습니다. 그는 더 이상 아무 말 않고 제 말을 마음에 담고 돌아갔습니다. 언젠가 그는 여자도 남자처럼 여자들끼리 있을 때 매우 인간처럼 이야기한다는 사실을 깨닫게 되겠지요.

실제로 제 경험상 남자와 여자는 일반적으로 인간이라면 누구에게나 있는 이해 못할 구석들을 제외하고는 피차 인간으로서 특별히 신비로울 게 없습니다. 비록 바로 얼마 전처럼 특정한 목적을 위해서 여자들이 여성으로서 요구하는 것을 인정받기 위해서 여전히 함께 연대할 필요가 있을 수도 있지만, 이제는 각 여성의―그리고 각 남성의―개인적 필요를 더 강하게 강조해야 하는 때가 왔다고 저는 확신합니다. 과거에 여성들에게는 단결심이 없다는 말을 하고는 했습니다. 하지만 우리는 그렇지 않다는 것을 증명했습니다. 그러니 이제, 모든 것에 강력하게 페미니스트적 '관점'이 있다고 주장하는 그 반대의 오류를 범하지 맙시다. 젊은 세대와 늙은 세대, 육체 노동자와 지식

노동자, 가난한 자와 부유한 자, 여자와 남자 등 하나의 그룹을 또 하나의 그룹과 계속해서 대치시키면 국가의 기반이 분리됩니다. 그리고 그 틈이 너무 깊어지면 물리력과 독재밖에는 답이 없습니다. 자유 민주주의를 보존하고 싶다면, 계급과 범주에 기반해서는 안됩니다. 그렇게 되면 모든 사람이 한 범주의 일원으로서만 생각하거나 행동해야 하는 전체주의 국가를 낳을 것이기 때문입니다. 그렇기 때문에 그룹이 아닌 톰, 딕, 해리 개인에 그리고 잭과 질 개인에, 여러분과 저 개인에 기반해야 합니다.

인간이 아닌 인간

어떤 현상을 연구하든 그 첫 번째 임무는 그것의 가장 자명한 특징들을 관찰하는 것입니다. 그리고 바로 이 지점에서 대부분의 학생들이 실패합니다. 바로 이 지점에서 '여성의 문제'를 연구하는 대부분의 학생들이 실패했고, 교회는 그보다 더 한심할 정도로 실패했으며, 그에 대한 변명도 변변치 않습니다. 그래서 때로는 교회에 대해 직설적으로 심지어는 과격하게 이야기하는 게 필요합니다.

예리하지 못한 관찰자가 제일 먼저 보는 것은 여성은 남성과 다르다는 것입니다. 그들은 '반대 성'입니다(왜 '반대'인지는 저도 모르겠습니다. 그렇다면 '이웃 성'은 무엇입니까?). 그러나 근본적으로 여성은 이 세상의 다른 어떤 존재보다도 남성과 더 비슷합니다. 그들은 인간입니다. '비르'(*Vir*)는 남성이고 '페미나'(*Femina*)는 여성이지만 '호모'(*Homo*)는 남성과 여성입니다.

이것은 평등의 선언이지만 사람들은 이 사실을 끈질기게 회피하고 부인합니다. 어떤 논거를 제시하든 처음부터

이 논쟁은 무력합니다. 남자는 언제나 **인간**과 **남성** 둘 다로 다루어지는 반면, 여자는 언제나 **여성**으로서만 다루어지기 때문입니다.

신문에서 다음과 같은 기사를 본 적이 있습니다. 버스 좌석에서 운전석 반대편 좌석이 운전석 편 좌석보다 늘 먼저 자리가 찬다면서 그 이유에 대해 아주 자신있게 이렇게 썼더군요. "남자는 운전석 반대편 좌석이 커브의 영향을 덜 받기 때문에 그 자리를 선호하고, 여자는 그 자리에서 상점 쇼윈도가 더 잘 보이기 때문에 그 자리를 선호한다." 마치 도로의 커브가 남자와 여자의 몸 모두에 동일하게 영향을 미치지 않는 것처럼 말입니다. 여기에서 보듯이 남자에 대해서는 **인간**의 이유를 제시하는 반면, 여자에 대해서는 **여성**의 이유를 제시합니다. 여자는 온전한 인간이 아니기 때문입니다.

바지가 언급될 때마다 따라오는 비아냥거림을 보십시오. 실상 **인간**에게는 바지가 따뜻하고 편하고 보기에도 좋습니다. 그러나 (이슬람 국가들이나 중국은 그렇지 않지만) 서구에서는 남자들이 바지를 자신의 특권으로 삼고, 고상한 사람들이 인정하기에는 너무도 평범한 생리학적 이유를 대면서 바지와 치마에 성적 의미를 부여했습니다. (그들이 반대하는 것은 다리통을 막은 바지에만 국한된다는 점에 유의하길 바랍니다. 다리통이 열린 여자 속옷에 대해서는 그런 식으로 반대하지 않으며, 이 속옷은 바지와는 다른 방식으로 공연장의 농담거리가 되곤 합니다.) 이처럼 기능적 문제에 대한 남자들의 애매한 저항 때문에, 두 다리를 가진 생물이라면 누구나 따뜻하고 안전하고 활동이 자유로운 옷을 선호하지 않겠느냐는 **인간**의 간단한 문제가 복잡해집니다. **또한** 자연스럽게 바지를, 매력이라고 하는 **여성**의 문제와도 결부시킵니다. 왜냐하면 **남성**은 여성에 대해 그녀가 **인간**의 일을 수행하는 것인지 아닌지에 상관없이 언제나 **여성**이기만 할 것을 요구하기 때문입니다. 물론 **남성**이 치마가 마음에 든다면 그는 아무런 거리낌 없이 그것을 활용할 것입니다. 중세의 치렁대는 원피스든 신부들의 긴 치마든 알아서 입을 테고, 스코틀랜드나 그리스의 킬트도 자기 것이라고 주장할 것입니다. 그가 (한때 그렇게 했던 것처럼) 짝짓기 시즌의 공작새처럼 자신을 장식하겠다고 한다면 그것은 **남성**의 권리입니다. 그가 (오늘날 그렇게 하는 것처럼) 칙칙한 색상과 우스꽝스러운 아웃라인으로 우리 눈을 괴롭히고자 한다면 그것은 **인간**의 편리함 때문입니다. 남자는 자기가 입고 싶은 대로 입고 여자는 남자를 즐겁게 해주기 위해서 입습니다. 그리고 만약 여성이 그렇지 않다고 해도 남자가 당연히 옳은 것은 여자는 인간이 아니고 따라서 스스로를 합리화할 수 없기 때문입니다.

자신이 남성성의 관점에서 끊임없이 평가받는다면 자기 인생이 얼마나 이상할지 생각해 본 남자는 아마 한 명도 없을 것입니다. 자신의 모든 글과 말과 행동이 여성의 인정을 통해서 정당화되어야 한다면 어떨지, 날이면 날마다 자신이 사회의 일원이 아니라 (미안하지만) 단지 사회의 남성 일원으로서만 스스로를 인식해야 한다면 어떨지 말입니다. 자기 복장에 대한 관심은 오직 살주머니에만 가 있고, 그의 교육은 활발한 성생활과 온순한 가부장을 만드는 데만 초점이 맞추어져 있으며, 자신의 관심사는 성적인 것일 때만 자연스러운 것으로 여겨진다면 말입니다. 학교와 강의실에서, 언론과 강단에서, 날카롭게 질책하는 목소리로 계속해서 너의 생물학적 기능을 기억하라는 명령만 듣는다면 말입니다. 타자기를 칠 때 거친 남성의 터치를 더하는 방법, 남성적 호소력을 놓치지 않으면서 학식을 더하는 방법, 화학 연구와 성적 유혹을 결합시키는 방법, 성불능 의혹을 사지 않으면서 브릿지 게임을 하는 방법 등에 대해 듣는 끊임없는 충고로 짜증이 날 지경에 이른다면 말입니다. "여자들은 야만적인 남자를 선호하는군" 하며 웃어넘기는 대신, 사회의 모든 구조가 그 기준에 맞게 행동하도록 압력을 가한다는 느낌을 끊임없이 받는다면 말입니다.

그는 여자 펙 박사(Dr. Peck)*라고 할 수 있는 사람에게서 이런 말을 들을 것입니다. "나는 남성적 활동의 영역을 승마 교육의 신념인 '사냥총, 쟁기, 종마'로 국한시키는 것을 지지하는 사람은 아니지만, 남성의 삶의 성질과 범주에 대한 좀더 분명한 개념이 필요한 것은 사실이다." 그리고 모든 사회학 책에서 그는 인간의 필요와 권리를 다루는 주요 섹션 다음에 추가된 '이상적 사회에서의 남성 지위'라는 별도의 장을 볼 것입니다. 신문에서는 '남성 코너'를 따로 마련해서 어떻게 하면 상당한 비용의 돈과 두 시간의 지출로 여자들의 관심을 끌고 자기 아내의 애정을 잃지 않을 수 있는지 알려 줄 것입니다. 그리고 그가 성공적으로 짝을 찾고 난 후에는 자기 이름을 잃을 것이고 사회는 그 성취를 선언하기 위해서 특별한 호칭을 부여할 것입니다. 사람들은 '남성의 역사' 혹은 '성경 속 남자들'

---

* 펙 박사는 자신이 여성의 역할을 아이, 교회, 부엌으로 국한시키는 학파를 따른다는 것을 부인했습니다.

혹은 '남성 심리학'이라는 책을 쓸 것이고, 날마다 '남자 의사의 발견', '남자 비서가 경매에서 이기다', '학술원의 남자 예술가들' 등이라는 헤드라인을 즐기게 될 것입니다. 그가 만약 기자와 인터뷰를 하게 되거나 어떤 특이한 업적을 이루면, 그는 다음과 같이 기록된 내용을 볼 것입니다. "브랙트 교수는 비록 탁월한 식물학자이지만 매우 남성적이다. 결혼했을 뿐만 아니라 일곱 명의 자녀를 두었다. 큰 키에 건장한 그는 비록 섬세한 표본을 다루지만 캐나다의 벌목꾼처럼 손이 울퉁불퉁하고 억세다. 그의 실험실에서 함께 맥주를 들이켰는데, 멋들어진 콧수염에 걸맞은 강하고 거친 목소리로 그는 내게 자신의 연구에 대해 거침없이 내뱉었다." 혹은 이럴 수도 있습니다. "유명한 어린이 사진 작가 포커스의 가정에는 여성적 면이 전혀 없다. 그만의 '은신처'는 티크재로 만들어졌고 이스터 섬에서 가져온 외설스런 조각들로 장식되어 있다. 그리고 그의 근엄한 철재 침대 프레임에는 '사빈 여인들의 강간'

복제본이 걸려 있다." 혹은 이럴 수도 있습니다. "유명한 요리사인 사프리스티에게 남자에게는 부엌일이 다소 특이한 직업이 아니냐고 물었다. 그러자 그는 '전혀 그렇지 않다!'고 퉁명스레 대답했다. '중요한 것은 재능이지 성이 아닙니다. 스코틀랜드 지방에서 말하듯, 무엇을 하든 남자(man)는 남자(man)라고 하지 않습니까?'[스코틀랜드의 시인 로버트 번스(Robert Burns)의 시를 인용한 말이다—옮긴이]. 그의 남자다운 호탕한 웃음에 선반에 있는 세 개의 작은 과자구이 틀이 흔들렸다."

그는 또한 '남자들이 직물 산업에 종사해도 되는가?'라는 주제에 대한 진지한 토론과 '차를 마시는 남자들'에 대한 신랄한 토론을 들을 것이고, '남성의 관점에서 보는' 사회 문제의 총평을 읽을 것이고, 해변에서 자신의 신체 부위를 드러내는 남자들(너무 남성적이야)과 가운으로 그것을 가리는 남자들(너무 여성적이야), 여자 생각밖에 없는 남자들, 여자에게 무관심한 척하는 부자연스러운 남자들,

일자리를 얻으려고 성을 이용하는 남자들, 무성적 옷차림으로 사무실 분위기를 가라앉히는 남자들 그리고 불가능한 것들을 동시에 요구하는 여론을 전반적으로 만족시키지 못하는 남자들에 대한 짜증스러운 기사들을 접할 것입니다. 그리고 저녁 만찬에서는 여자들이 포식자 같은 번지르르한 목소리로 "왜 그 잘생긴 머리로 정치같이 골치 아픈 걸 생각하고 그래?"라며 구슬리듯 하는 말을 들을 것입니다.

이런 식으로 몇 세기를 대우받은 후 남자들이 약간은 자의식이 발동하고, 약간은 방어적이 되고, 약간은 자신에게 무엇을 요구하는 것인지 갈피를 잡지 못한다면, 저는 그를 탓하지 않을 것입니다. 그리고 자기 성을 약간 이용한다 해도 그를 용서할 수 있습니다. 그리고 그가 사회에 큰 문제가 있다고 지적한다면 놀라지 않을 것입니다. 오히려 그가 정신이 온전하고 자존감이 조금이라도 남아 있다면 그게 더 놀라울 것입니다.

펙 박사는 이렇게 말합니다. "경제 영역에서 여성의 권리는 일자리를 얻고자 하는 노력 때문에 남자와 경쟁하게 되는 것 같다." 실제로 그래 보이고, 그것은 전혀 이상한 일이 아닙니다. 왜냐하면 이 경쟁은 남자들이 여성의 일자리를 가정에서 공장으로 옮겨 간 후부터 시작됐기 때문입니다. 중세의 여성들은 실제적 권력을 지니고 있었고 (정치적 평등은 아니지만) 어느 정도 실제적 평등을 누렸습니다. 왜냐하면 여자들이 방적, 직조, 제빵, 양조, 증류, 향수 산업, 식품 보존 산업 등 많은 산업을 관할했기 때문입니다. 그때 여자들은 자신의 손뿐 아니라 머리도 썼고, 가정에서 자기 직원들을 관리했습니다. 그러나 이러한 산업의 관리와 지도, 곧 모든 지적 작업은 남자들에게로 갔고 여자들에게 남은 것은 '제대로 된' 일이 아닌 그 직업에 **고용**되는 것이었습니다. 그와 동시에 그들은 모든 지적 직업이 점차 제거된 가정으로 돌아가 여성스러워지라는 권고를 받았습니다.

    가난한 여자들이 자기 남자들과 같이 일하는 것에 대해서는 아무런 반론이 없었습니다. 여자들이 밭일하느라 등골이 휘어서는 안 된다거나, 연료받이를 닦거나 감자를 깎느라 손을 더럽혀서는 안 된다고 화난 목소리로든 연민에 찬 목소리로든 외친 적이 없습니다. 오직 즐겁고 신나고 이윤이 남는 일에 한하여 여성 노동을 반대합니다. 인간이라면 누구나 가치 있는 일이라고 여길 그런 일들 말입니다. "우리 아내는 일하느라 손을 더럽힐 필요가 없어"라는 자랑은 상업주의 덕분에 성장한 중산층이 여자를 놀게 하는 것이 우월한 사회적 지위를 나타내는 표시라는, 금권적이고 귀족적인 생각을 하면서 처음 일반화되었습니다. 남자는 일해야 하고 여자는 그의 노동을 이용해야 합니다. 그게 그들의 존재 이유 아닌가요? 여자가 이를 따르면 남자를 이용해 먹는다고 저주할 수 있고, 저항하면 남자와 경쟁한다고 저주할 수 있습니다. 여자가 무엇을 하든 그것은 틀렸으니, 이 얼마나 만족스러운 일입니까.

인간의 모든 불행의 원인을 산업화 시대로 돌리면서, 성별 관계는 규범으로 받아들이는 남자들. 그러나 우리의 뇌, 위대하고 유일하게 진실된 양성(androgyne)이며 남자하고든 여자하고든 무관하게 짝지을 수 있고 스스로 자녀를 낳을 수 있는 이 차가운 뇌는 이들의 역사 왜곡을 보고 웃습니다. 우리가 사는 시대와 같은 시대가 없었습니다. 빈 머리와 노는 손이라는 자질을 지닌 여자를 남자가 숭상하면서도 경멸하는 시대. 마치 만족시킬 수 없는 아내의 성욕에 대한 농담이 이 세상에서 가장 오래된, 장모 농담보다도 오래되고 요즘 떠도는 여자 재봉사 농담보다도 훨씬 더 격조 있는 농담인 것을 모르는 양, 이상한 사디스트적 도덕의 왜곡 때문에 성관계는 종교가 부과하는 결혼의 권리를 뜻하는 이름이 아니면 아내들이 꺼릴 거라고 인식하는 시대. 섹스는 여자가 관심을 갖기에는 점잖지 않은 주제라고 생각하면서도 섹스 외에 다른 것을 생

각하면 여성적이지 않다고 생각하는 시대. 거짓말을 하고 성을 이용해서 남편을 '관리'하는 것을 정직과 미덕이라고 보는 시대. 토머스 모어(Thomas More)가 자기 딸에게 받게 한 교육을 사악한 탐닉이라고 비난하고, 눈물과 죽음을 무릅쓰고 절박하게 저항해서야만 비로소 돈줄을 쥐고 눈을 부라리는 사람에게서 교육비를 얻어 낼 수 있고, 그나마도 세상의 조롱과 분개하는 교회의 정죄를 감당하는 가운데 그렇게 해야 하는 시대.

공장으로 몰려가는 여성들에 대한 이 안쓰러워하는 반응들은 무엇이란 말입니까? 결국 남자들끼리 몰려서 이득을 얻는 것을 묵인하는 데 대한 변명 아니겠습니까? 이것은 **인간**이 경험하는 부당함입니다. 무리로 나누기에 적합한 성격이 있고 그렇지 않은 성격이 있습니다. 그러나 그 선은 성별로 정확하게 나뉘지 않습니다. 러시아인들은 이것을 깨닫기 시작한 것 같은데, 혁명과 피만이 이 평범한 사실을 깨닫는 유일한 교육 수단이란 말입니까? 전쟁이라는 상황에 처해야만 그 일을 제일 잘하는 사람이 그 일에 제일 잘 맞는 사람이라는 사실을 비로소 인정한단 말입니까? 항상 키플링(Kipling)의 시에 나오는 병사가 하듯 여자를 취급해야 한단 말입니까?

꽃뱀, 헤픈 년, 돈만 밝히는 년,
 "폴리, 넌 거짓말쟁이!"
그러다 총격이 시작되면,
 "고마워, 메리 앳킨스."

전시에는 (비록 임금은 남자보다 적게 주고 전쟁이 끝나면 다시 그 일을 빼앗아 가지만) 여성의 노동을 사용합니다. 이는 자연스러운 현상은 아닙니다. 이들에게 노동을 허용하는 이유는 평소에 들먹이는 여성적 이유들—남자를 따라 하기 위해, 성적 억압을 승화시키기 위해, 여가 시간을 보낼 취미 생활을 위해, 성적 매력을 더하기 위해—때문이 아니라, 단순히 그들의 노동이 없으면 (남성을 포함한) **인간**이 곤경에 처할 것이기 때문입니다. 하지만 좋은 일을 하면서 만족을 느끼고 그 일의 필요성을 아는 것은 인간의 본능입니다. 그것이 여자의 본능이 될 수는 없습니다. 여자는 인간이 아니기 때문입니다. 여자도 진짜 인간처럼 폭격으로 죽지만 그것은 허용할 수 있습니다. 왜냐하면 여자들도 죽음을 즐기지 않기 때문입니다. 그리고 여자들의 찢긴 시체를 남자의 것보다 적게 보상해 주면 우리의 양심을 지킬 수 있습니다.*

여성은 인간이 아닙니다. 따뜻하고 보기 좋은 옷, 버스 좌석의 편안함, 하나님과 그분의 세계에 대해 다른 어떤 사람의 지식도 통하지 않고 직접 가지는 관심 등 여성에게도 그런 인간적 필요가 있다고 하는 말은 거짓말입니다. 그들은 남자에게 영감을 주기에는 너무 고귀하고 남

---

* 이 터무니없는 조처는 결국 여론의 분노를 사서 폐지되었습니다.

자를 타락시키기에는 너무 비천합니다. 그들에게는 여성적 지성과 본성이 있지만 그들의 지성은 남성의 지성과 달리 자신의 본성과 하나가 아닙니다. 그들에게는 인간의 지성과 인간의 본성이 없습니다. 하물며 유대인들은 "나를 여자로 만들지 않으신 하나님을 찬양합니다"라고 말합니다.

물론 하나님의 생각은 다를 수 있지만 교회는 이를 받아들이려 하지 않습니다. 마리아와 마르다에 대한 본문을 어떻게든 대충 무마하려고 하지 않는 설교를 들어 본 적이 없습니다. 물론 마리아의 선택이 더 나은 쪽이었습니다. 주님이 그렇게 말씀하셨기 때문에 대놓고 거기에 반대할 수는 없습니다. 그러나 마르다를 경멸하지 않으려고 우리는 조심합니다. 주님은 마르다도 인정하신 거라고 말합니다. 마르다 없이는 살 수 없기 때문에 (하나님의 의견에 대해 일단 립서비스를 한 후) 우리는 마르다가 훨씬 더 좋다고 말합니다. 왜냐하면 마르다는 정말로 여성적 일을 한

반면, 마리아는 남자든 여자든 여느 제자들처럼 행동했기 때문입니다. 이는 받아들이기 힘든 사실입니다.

요람과 십자가에 제일 먼저 여자들이 나타났다는 사실은 놀랄 일이 아닌지도 모릅니다. 그곳에 나타난 여자들은 이런 남자를 본 적이 없었고 지금까지도 없습니다. 여자들에게 결코 잔소리하지 않고 아첨하거나 어르거나 가르치려 들지 않았던 선지자이자 스승. 거드름 피우는 농을 걸지 않고, "아니 이런 여자들이!" 하는 식으로 대하지 않고, "아아 여인들이여!" 하는 식으로 대하지도 않은 남자. 질책할 때 좀스럽지 않고, 칭찬할 때 젠체하지 않은 남자. 여성들의 질문과 주장을 진지하게 받아들이고, 결코 여성을 위한 자리를 따로 정하지도, 여성적일 것을 촉구하지도, 여성이라는 이유로 조롱하지도 않은 남자. 뒤끝도 없고 불안한 남자의 존재감을 방어할 필요가 없었던 남자. 여자들을 있는 그대로 받아들이고 자의식에 전혀 사로잡히지 않았던 남자. 복음서 전체를 통틀어 여성을 곡해해서 영향력 있게 말을 전하려는 행위나 설교나 비유는 하나도 없습니다. 예수님의 말과 행위에는 여성의 본성은 무언가 '이상하다'고 느끼게 할 만한 여지가 하나도 없습니다.

그러나 예수님의 동시대 사람들에게서는 그것을 쉽게 느낄 수 있습니다. 그리고 예수님보다 앞에 온 선지자들에게서도, 또한 예수님의 교회에서도 오늘날까지 그것을 쉽게 느낄 수 있습니다. 여성은 인간이 아닙니다. 아무도 여성이 인간이라고 설득하지 못할 것입니다. 그들더러 하고 싶은 대로 말하라 하십시오. 우리는 믿지 않을 것입니다. 그러나 한 분은 죽은 자 가운데서 부활하셨습니다.

Are *Women* **Human?**

Are Women Human?

Address Given to a Women's Society, 1938

When I was asked to come and speak to you, your Secretary made the suggestion that she thought I must be interested in the feminist movement. I replied—a little irritably, I am afraid—that I was not sure I wanted to "identify myself," as the phrase goes, with feminism, and that the time for "feminism," in the old-fashioned sense of the word, had gone past. In fact, I think I went so far as to say that, under present conditions, an aggressive feminism might do more harm than good. As a result I was, perhaps not unnaturally, invited to explain myself.

I do not know that it is very easy to explain, without offence or risk of misunderstanding, exactly what I do mean, but I will try.

The question of "sex-equality" is, like all questions affecting human relationships, delicate and complicated. It cannot be settled by loud slogans or hard-and-fast assertions like "a woman is as good as a man"—or "woman's place is the home"—or "women ought not to take men's jobs." The minute one makes such assertions, one finds one has to qualify them. "A woman is as good as a man" is as meaningless as to say, "a Kaffir is as good as a Frenchman" or "a poet is as good as an engineer" or "an elephant is as good as a racehorse"—it means nothing whatever until you add: "at doing what?" In a religious sense, no doubt, the Kaffir is as valuable in the eyes of God as a Frenchman—but the average Kaffir is probably less skilled in literary criticism than the average Frenchman, and the average Frenchman less skilled than the average Kaffir in tracing the spoor of big game. There might be exceptions on either side: it is largely a matter of heredity and education. When we balance the poet against the engineer, we are faced with a fundamental difference of temperament—so that here our question is complicated by the enormous social problem whether poetry or engineering is "better" for the State, or for humanity in general. There may be people who would like a world that was all engineers or all poets—but most of us would like to have a certain number of each; though here again, we should all differ about the desirable proportion of engineering to poetry. The only proviso we should make is that people with dreaming and poetical temperaments should not entangle themselves in engines, and that mechanically-minded persons should not issue booklets of bad verse. When we come to the elephant and the racehorse, we come down to bed-rock physical differences—the elephant would make a poor showing in the Derby, and the unbeaten Eclipse himself would be speedily eclipsed by an elephant when it came to hauling logs.

That is so obvious that it hardly seems worth saying. But it is the mark of all movements, however well-intentioned, that their pioneers tend, by much lashing of themselves into excitement, to lose sight of the obvious. In reaction against the age-old slogan, "woman is the weaker vessel," or the still more offensive, "woman is a divine creature," we have, I think, allowed ourselves to drift into asserting that "a woman is as good as a man," without always pausing to think what exactly we mean by that. What, I feel, we ought to mean is something so obvious that it is apt to escape attention altogether, viz: not that every woman is, in virtue of her sex, as strong, clever, artistic, level-headed, industrious and so forth as any man that can be mentioned; but, that a woman is just as much an ordinary human being as a man, with the same individual preferences, and with just as much right to the tastes and preferences of an individual. What is repugnant to every human being is to be reckoned always as a member of a class and not as an individual person. A certain amount of classfication is, of course, necessary for practical purposes: there is no harm in saying that women, as a class, have smaller bones than men, wear lighter clothing, have more hair on their heads and less on their faces, go more pertinaciously to church or the cinema, or have more patience with small and noisy babies. In the same way, we may say that stout people of both sexes are commonly better-tempered than thin ones, or that university dons of both sexes are more pedantic in their speech than agricultural labourers, or that Communists of both sexes are more ferocious than Fascists—or the other way round. What is unreasonable and irritating is to assume that *all* one's tastes and preferences have to be conditioned by the class to which one belongs. That has been the very common error into which men have frequently fallen about women—and it is the error into which feminist women are, perhaps, a little inclined to fall about themselves.

Take, for example, the very usual reproach that women nowadays always want to "copy what men do." In that reproach there is a great deal of truth and a great deal of sheer, unmitigated and indeed quite wicked nonsense. There are a number of jobs and pleasures which men have in times past cornered for themselves. At one time, for instance, men had a monopoly of classical education. When the pioneers of university training for women demanded that women should be admitted to the universities, the cry went up at once: "Why should women want to know about Aristotle?" The answer is NOT that *all* women would be the better for knowing about Aristotle—still less, as Lord Tennyson seemed to think, that they would be more companionable wives for their husbands if they did know about Aristotle—but simply: "What women want as a class is irrelevant. *I* want to know about Aristotle. It is true that most women care nothing about him, and a great many male undergraduates turn pale and faint at the thought of him—

but I, eccentric individual that I am, do want to know about Aristotle, and I submit that there is nothing in my shape or bodily functions which need prevent my knowing about him."

That battle was won, and rightly won, for women. But there is a sillier side to the university education of women. I have noticed lately, and with regret, a tendency on the part of the women's colleges to "copy the men" on the side of their failings and absurdities, and this is not so good. Because the constitution of the men's colleges is autocratic, old-fashioned and in many respects inefficient, the women are rather inclined to try and cramp their own collegiate constitutions—which were mapped out on freer democratic lines—into the mediaeval mould of the men's—and that is unsound. It contributes nothing to the university and it loses what might have been a very good thing. The women students, too, have a foolish trick of imitating and outdoing the absurdities of male undergraduates. To climb in drunk after hours and get gated is silly and harmless if done out of pure high spirits; if it is done "because the men do it," it is worse than silly, because it is not spontaneous and not even amusing.

Let me give one simple illustration of the difference between the right and the wrong kind of feminism. Let us take this terrible business—so distressing to the minds of bishops—of the women who go about in trousers. We are asked: "Why do you want to go about in trousers? They are extremely unbecoming to most of you. You only do it to copy the men." To this we may very properly reply: "It is true that they are unbecoming. Even on men they are remarkably unattractive. But, as you men have discovered for yourselves, they are comfortable, they do not get in the way of one's activities like skirts and they protect the wearer from draughts about the ankles. As a human being, I like comfort and dislike draughts. If the trousers do not attract you, so much the worse; for the moment I do not want to attract you. I want to enjoy myself as a human being, and why not? As for copying you, certainly you thought of trousers first and to that extent we must copy you. But we are not such abandoned copy-cats as to attach these useful garments to our bodies with braces. There we draw the line. These machines of leather and elastic are unnecessary and unsuited to the female form. They are, moreover, hideous beyond description. And as for indecency—of which you sometimes accuse the trousers—we at least can take our coats off without becoming the half-undressed, bedroom spectacle that a man presents in his shirt and braces."

So that when we hear that women have once more laid hands upon something which was previously a man's sole privilege, I think we have to ask ourselves: is this trousers or is it braces? Is it something useful, convenient and suitable to a human being as such? Or is it merely something unnecessary to us, ugly, and adopted merely for the sake of collaring the other fellow's property? These jobs and professions, now. It is ridiculous to take on a man's job just in order to be able to say that "a woman has done it—yah!" The only decent reason for tackling any job is that it is *your* job and *you* want to do it.

At this point, somebody is likely to say: "Yes, that is all very well. But it *is* the woman who is always trying to ape the man. She *is* the inferior being. You don't as a rule find the men trying to take the women's jobs away from them. They don't force their way into the household and turn women out of their rightful occupations."

Of course they do not. They have done it already.

Let us accept the idea that women should stick to their own jobs—the jobs they did so well in the good old days before they started talking about votes and women's rights. Let us return to the Middle Ages and ask what we should get then in return for certain political and educational privileges which we should have to abandon.

It is a formidable list of jobs: the whole of the

spinning industry, the whole of the dyeing industry, the whole of the weaving industry. The whole catering industry and—which would not please Lady Astor, perhaps—the whole of the nation's brewing and distilling. All the preserving, pickling and bottling industry, all the bacon-curing. And (since in those days a man was often absent from home for months together on war or business) a very large share in the management of landed estates. Here are the women's jobs—and what has become of them? They are all being handled by men. It is all very well to say that woman's place is the home—but modern civilisation has taken all these pleasant and profitable activities out of the home, where the women looked after them, and handed them over to big industry, to be directed and organised by men at the head of large factories. Even the dairy-maid in her simple bonnet has gone, to be replaced by a male mechanic in charge of a mechanical milking plant.

Now, it is very likely that men in big industries do these jobs better than the women did them at home. The fact remains that the home contains much less of interesting activity than it used to contain. What is more, the home has so shrunk to the size of a small flat that—even if we restrict woman's job to the bearing and rearing of families—there is no room for her to do even that. It is useless to urge the modern woman to have twelve children, like her grandmother. Where is she to put them when she has got them? And what modern man wants to be bothered with them? It is perfectly idiotic to take away women's traditional occupations and then complain because she looks for new ones. Every woman is a human being—one cannot repeat that too often—and a human being *must* have occupation, if he or she is not to become a nuisance to the world.

I am not complaining that the brewing and baking were taken over by the men. If they can brew and bake as well as women or better, then by all means let them do it. But they cannot have it both ways. If they are going to adopt the very sound principle that the job should be done by the person who does it best, then that rule must be applied universally. If the women make better office-workers than men, they must have the office work. If any individual woman is able to make a first-class lawyer, doctor, architect or engineer, then she must be allowed to try her hand at it. Once lay down the rule that the job comes first and you throw that job open to every individual, man or woman, fat or thin, tall or short, ugly or beautiful, who is able to do that job better than the rest of the world.

Now, it is frequently asserted that, with women, the job does not come first. What (people cry) are women doing with this liberty of theirs? What woman really prefers a job to a home and family? Very few, I admit. It is unfortunate that they should so often have to make the choice. A man does not, as a rule, have to choose. He gets both. In fact, if he wants the home and family, he usually has to take the job as well, if he can get it. Nevertheless, there have been women, such as Queen Elizabeth and Florence Nightingale, who had the choice, and chose the job and made a success of it. And there have been and are many men who have sacrificed their careers for women—sometimes, like Antony or Parnell, very disastrously. When it comes to a *choice*, then every man or woman has to choose as an individual human being, and, like a human being, take the consequences.

As human beings! I am always entertained—and also irritated— by the newsmongers who inform us, with a bright air of discovery, that they have questioned a number of female workers and been told by one and all that they are "sick of the office and would love to get out of it." In the name of God, what human being is *not*, from time to time, heartily sick of the office and would *not* love to get out of it? The time of female office-workers is daily wasted in sympathising with disgruntled male colleagues who yearn to get out of the office. No human being likes work—not day in and day out. Work is notoriously a curse—and if women *liked* everlasting work they would not be human beings at all. *Being* human beings, they like work just as much and just as little as anybody else. They dislike perpetual washing and cooking just as much as perpetual typing and standing behind shop counters. Some of them prefer typing to scrubbing—but that does not mean that they are not, as human beings, entitled to damn and blast the typewriter when they feel that way. The number of men who daily damn and blast typewriters is incalculable; but that does not mean that they would be happier doing a little plain sewing. Nor would the women.

I have admitted that there are very few women

who would put their job before every earthly consideration. I will go further and assert that there are very few men who would do it either. In fact, there is perhaps only one human being in a thousand who is passionately interested in his job for the job's sake. The difference is that if that one person in a thousand is a man, we say, simply, that he is passionately keen on his job; if she is a woman, we say she is a freak. It is extraordinarily entertaining to watch the historians of the past, for instance, entangling themselves in what they were pleased to call the "problem" of Queen Elizabeth. They invented the most complicated and astonishing reasons both for her success as a sovereign and for her tortuous matrimonial policy. She was the tool of Burleigh, she was the tool of Leicester, she was the fool of Essex;

she was diseased, she was deformed, she was a man in disguise. She was a mystery, and must have some extraordinary solution. Only recently has it occurred to a few enlightened people that the solution might be quite simple after all. She might be one of the rare people who were born into the right job and put that job first. Whereupon a whole series of riddles cleared themselves up by magic. She was in love with Leicester—why didn't she marry him? Well, for the very same reason that numberless kings have not married their lovers—because it would have thrown a spanner into the wheels of the State machine. Why was she so bloodthirsty and unfeminine as to sign the death-warrant of Mary Queen of Scots? For much the same reasons that induced King George V to say that if the House of Lords did not pass the Parliament Bill he would create enough new peers to force it through—because she was, in the measure of her time, a constitutional sovereign, and knew that there was a point beyond which a sovereign could not defy Parliament. Being a rare human being with her eye to the job, she did what was necessary; being an ordinary human being, she hesitated a good deal before embarking on unsavoury measures—but as to feminine mystery, there is no such thing about it, and nobody, had she been a man, would have thought either her statesmanship or her humanity in any way mysterious. Remarkable they were—but she was a very remarkable person. Among her most remarkable achievements was that of showing that sovereignty was one of the jobs for which the right kind of woman was particularly well fitted.

Which brings us back to this question of what jobs, if any, are women's jobs. Few people would go so far as to say that all women are well fitted for all men's jobs. When people do say this, it is particularly exasperating. It is stupid to insist that there are as many female musicians and mathematicians as male—the facts are otherwise, and the most we can ask is that if a Dame Ethel Smyth or a Mary Somerville turns up, she shall be allowed to do her work without having aspersions cast either on her sex or her ability. What we ask is to be human individuals, however peculiar and unexpected. It is no good saying: "You are a little girl and therefore you ought to like dolls"; if the answer is, "But I don't," there is no more to be said. Few women happen to be natural born mechanics; but if there is one, it is useless to try and argue her into being something different. What we must *not* do is to argue that the occasional appearance of a female mechanical genius proves that all women would be mechanical geniuses if they were educated. They would not.

Where, I think, a great deal of confusion has arisen is in a failure to distinguish between special *knowledge* and special *ability*. There are certain questions on which what is called "the woman's point of view" is valuable, because they involve special *knowledge*. Women should be consulted about such things as housing and domestic architecture because, under present circumstances, they have still to wrestle a good deal with houses and kitchen sinks and can bring special knowledge to the problem. Similarly, some of them (though not all) know more about children than the majority of men, and their opinion, *as women*, is of value. In the same way, the opinion of colliers is of value about coal-mining, and the opinion of doctors is valuable about disease. But there are other questions—as for example, about literature or finance—on which the "woman's point of view" has no value at all. In fact, it does not exist. No special knowledge is involved, and a woman's opinion on literature or finance is valuable only as the judgment of an individual. I am occasionally desired by congenital imbeciles and the editors of magazines to say something about the writing of detective fiction "from the woman's point of view." To such demands, one can only say, "Go away and don't be silly. You might as well ask what is the female angle on an equilateral triangle."

In the old days it used to be said that women were unsuited to sit in Parliament, because they "would not be able to think imperially." That, if it meant anything, meant that their views would be cramped and domestic—in short, "the woman's point of view." Now that they *are* in Parliament, people complain that they are a disappointment: they vote like other people with their party and have contributed nothing to speak of from "the woman's point of view"— except on a few purely domestic questions, and even then they are not all agreed. It looks as though somebody was trying to have things both ways at once. Even critics must remember that women are human beings and obliged to think and behave as such. I can imagine a "woman's point of view" about town-planning, or the education of children, or divorce, or the employment of female shop-assistants, for here they have some special knowledge. But what in thunder is the "woman's point of view" about the devaluation of the franc or the abolition of the Danzig Corridor? Even where women have special knowledge, they may disagree among themselves like other specialists. Do doctors never quarrel or scientists disagree? Are women really *not human,* that they should be expected to toddle along all in a flock like sheep? I think that people should be allowed to drink as much wine and beer as they can afford and is good for them; Lady Astor thinks nobody should be allowed to drink anything of the sort. Where is the "woman's point of view"? Or is one or the other of us unsexed? If the unsexed one is myself, then I am unsexed in very good company. But I prefer to think that women are human and differ in opinion like other human beings. This does not mean that their opinions, as individual opinions, are valueless; on the contrary, the more able they are the more violently their opinions will be likely to differ. It only means that you cannot ask for "the woman's point of view," but only for the woman's special knowledge — and this, like all special knowledge, is valuable, though it is no guarantee of agreement.

"What," men have asked distractedly from the beginning of time, "what on earth do women want?" I do not know that women, *as* women, want anything in particular, but as human beings they want, my good men, exactly what you want yourselves: interesting occupation, reasonable freedom for their pleasures, and a sufficient emotional outlet. What form the occupation, the pleasures and the emotion may take, depends entirely upon the individual. You know that this is so with yourselves—why will you not believe that it is so with us? The late D. H. Lawrence, who certainly cannot be accused of underrating the importance of sex and talked a good deal of nonsense upon the subject, was yet occasionally visited with shattering glimpses of the obvious. He said in one of his *Assorted Articles:*

> "Man is willing to accept woman as an equal, as a man in skirts, as an angel, a devil, a baby-face, a machine, an instrument, a bosom, a womb, a pair of legs, a servant, an encyclopaedia, an ideal or an obscenity; the one thing he won't accept her as is a human being, a real human being of the feminine sex."

"Accepted as a human being!"—yes; not as an inferior class and not, I beg and pray all feminists, as a superior class—not, in fact, as a class at all, except in a useful context. We are much too much inclined in these days to divide people into permanent categories, forgetting that a category only exists for its special purpose and must be forgotten as soon as that purpose is served. There is a fundamental difference between men and women, but it is not the only fundamental difference in the world. There is a sense in which my charwoman and I have more in common than either of us has with, say, Mr. Bernard Shaw; on the other hand, in a discussion about art and literature, Mr. Shaw and I should probably find we had more fundamental interests in common than either of us had with my charwoman. I grant that, even so, he and I should disagree ferociously about the eating of meat—but that is not a difference between the sexes—on that point, that late Mr. G. K. Chesterton would have sided with me against the representative of his own sex. Then there are points on which I, and many of my own generation of both sexes, should find ourselves heartily in agreement; but on which the rising generation of young men and women would find us too incomprehensibly stupid for words. A difference of age is as fundamental as a difference of sex; and so is a difference of nationality. *All* categories, if they are insisted upon beyond the immediate purpose which they serve, breed class antagonism and disruption in the state, and that is why they are dangerous.

The other day, in the "Heart-to-Heart" column of

one of our popular newspapers, there appeared a letter from a pathetic gentleman about a little disruption threatening his married state. He wrote:

"I have been married eleven years and think a great deal of the wedding anniversary. I remind my wife a month in advance and plan to make the evening a success. But she does not share my keenness, and, if I did not remind her, would let the day go by without a thought of its significance. I thought a wedding anniversary meant a lot to a woman. Can you explain this indifference?"

Poor little married gentleman, nourished upon generalisations—and convinced that if his wife does not fit into the category of "a woman" there must be something wrong! Perhaps she resents being dumped into the same category as all the typical women of the comic stories. If so, she has my sympathy. "A" woman—not an individual person, disliking perhaps to be reminded of the remorseless flowing-by of the years and the advance of old age—but "a" woman, displaying the conventional sentimentalities attributed to her unfortunate and ridiculous sex.

A man once asked me—it is true that it was at the end of a very good dinner, and the compliment conveyed may have been due to that circumstance—how I managed in my books to write such natural conversation between men when they were by themselves. Was I, by any chance, a member of a large, mixed family with a lot of male friends? I replied that, on the contrary, I was an only child and had practically never seen or spoken to any men of my own age till I was about twenty-five. "Well," said the man, "I shouldn't have expected a woman [meaning me] to have been able to make it so convincing." I replied that I had coped with this difficult problem by making my men talk, as far as possible, like ordinary human beings. This aspect of the matter seemed to surprise the other speaker; he said no more, but took it away to chew it over. One of these days it may quite likely occur to him that women, as well as men, when left to themselves, talk very much like human beings also.

Indeed, it is my experience that both men and women are fundamentally human, and that there is very little mystery about either sex, except the exasperating mysteriousness of human beings in general.

And though for certain purposes it may still be necessary, as it undoubtedly was in the immediate past, for women to band themselves together, as women, to secure recognition of their requirements as a sex, I am sure that the time has now come to insist more strongly on each woman's—and indeed each man's—requirements as an individual person. It used to be said that women had no *esprit de corps;* we have proved that we have—do not let us run into the opposite error of insisting that there is an aggressively feminist "point of view" about everything. To oppose one class perpetually to another—young against old, manual labour against brain-worker, rich against poor, woman against man—is to split the foundations of the State; and if the cleavage runs too deep, there remains no remedy but force and dictatorship. If you wish to preserve a free democracy, you must base it—not on classes and categories, for this will land you in the totalitarian State, where no one may act or think except as the member of a category. You must base it upon the individual Tom, Dick and Harry, and the individual Jack and Jill—in fact, upon you and me.

The Human-Not-Quite-Human

The first task, when undertaking the study of any phenomenon, is to observe its most obvious feature; and it is here that most students fail. It is here that most students of the "Woman Question" have failed, and the Church more lamentably than most, and with less excuse. That is why it is necessary, from time to time, to speak plainly, and perhaps even brutally, to the Church.

The first thing that strikes the careless observer is that women are unlike men. They are "the opposite sex"—(though why "opposite" I do not know; what is the "neighbouring sex"?). But the fundamental thing is that women are more like men than anything else in the world. They are human beings. *Vir* is male and *Femina* is female; but *Homo* is male and female.

This is the equality claimed and the fact that is

persistently evaded and denied. No matter what arguments are used, the discussion is vitiated from the start, because Man is always dealt with as both *Homo* and *Vir*, but Woman only as *Femina*.

I have seen it solemnly stated in a newspaper that the seats on the near side of a bus are always filled before those on the off side, because, "men find them more comfortable on account of the camber of the road, and women find they get a better view of the shop windows." As though the camber of the road did not affect male and female bodies equally. Men, you observe, are given a *Homo* reason; but Women, a *Femina* reason, because they are not fully human.

Or take the sniggering dishonesty that accompanies every mention of trousers. The fact is that, for *Homo*, the garment is warm, convenient and decent. But in the West (though not in Mohammedan countries or in China) *Vir* has made the trouser his prerogative, and has invested it and the skirt with a sexual significance for physiological reasons which are a little too plain for gentility to admit. (Note: that the objection is always to the closed knicker or trouser; never to open drawers, which have a music-hall significance of a different kind.) It is this obscure male resentment against interference with function that complicates the simple *Homo* issue of weather warmth, safety, and freedom of movement are desirable qualities in a garment for any creature with two legs. Naturally, under the circumstances, the trouser is *also* taken up into the whole *Femina* business of attraction, since *Vir* demands that a woman shall be *Femina* all the time, whether she is engaged in

Homo activities or not. If, of course, *Vir* should take a fancy to the skirt, he will appropriate it without a scruple; he will wear the houppelande or the cassock if it suits him; he will stake out his claim to the kilt in Scotland or in Greece. If he the chooses (as he once chose) to deck himself like a peacock in the mating season, that is *Vir's* right; if he prefers (as he does today) to affront the eye with drab colour and ridiculous outline, that is *Homo's* convenience. Man dresses as he chooses, and Woman to please him; and if Woman says she ever does otherwise, he knows better, for she is not human, and may not give evidence on her own behalf.

Probably no man has ever troubled to imagine how strange his life would appear to himself if it were unrelentingly assessed in terms of his maleness; if everything he wore, said, or did had to be justified by reference to female approval; if he were compelled to regard himself, day in day out, not as a member of society, but merely (*salvâ reverentiâ*) as a virile member of society. If the centre of his dress-consciousness were the cod-piece, his eduction directed to making him a spirited lover and meek paterfamilias; his interests held to be natural only in so far as they were sexual. If from school and lecture-room, Press and pulpit, he heard the persistent outpouring of a shrill and scolding voice, bidding him remember his biological function. If he were vexed by continual advice how to add a rough male touch to his typing, how to be learned without losing his masculine appeal, how to combine chemical research with seduction, how to play bridge without incurring the suspicion of impotence. If, instead of allowing with a smile that "women prefer cave-men", he felt the unrelenting pressure of a whole social structure forcing him to order all his goings in conformity with that pronouncement.

He would hear (and would he like hearing?) the female counterpart of Dr. Peck* informing him: "I am no supporter of the Horseback Hall doctrine of 'gun-tail, plough-tail and stud' as the only spheres for masculine action; but we do need a more definite conception of the nature and scope of man's life." In any book on sociology he would find, after the main portion dealing with human needs and rights, a supplementary chapter devoted to "The Position of

*   Dr, Peck had disclaimed adherence to the Kinder, Kirche, Küche school of thought.

the Male in the Perfect State." His newspaper would assist him with a "Men's Corner," telling him how, by the expenditure of a good deal of money and a couple of hours a day, he could attract the girls and retain his wife's affection; and when he had succeeded in capturing a mate, his name would be taken from him, and society would present him with a special title to proclaim his achievement. People would write books called, "History of the Male", or "Males of the Bible," or "The Psychology of the Male", and he would be regaled daily with headlines, such as "Gentleman-Doctor's Discovery," "Male-secretary Wins Calcutta Sweep," "Men-Artists at the Academy." If he gave an interview to a reporter, or performed any unusual exploit, he would find it recorded in such terms as these: "Professor Bract, although a distinguished botanist, is not in any way an unmanly man. He has, in fact, a wife and seven children. Tall and burly, the hands with which he handles his delicate specimens are as gnarled and powerful as those of a Canadian lumberjack, and when I swilled beer with him in his laboratory, he bawled his conclusions at me in a strong, gruff voice that implemented the promise of his swaggering moustache." Or: "There is nothing in the least feminine about the home surroundings of Mr. Focus, the famous children's photographer. His 'den' is panelled in teak and decorated with rude sculptures from Easter Island; over his austere iron bedstead hangs a fine reproduction of the Rape of the Sabines." Or: "I asked M. Sapristi, the renowned chef, whether kitchen-cult was not a rather unusual occupation for a man. 'Not a bit of it!' he replied, bluffly. 'It is the genius that counts, not the sex. As they say in *la belle Ecosse*, a man's a man for a' that'—and his gusty, manly guffaw blew three small patty pans from the dresser."

He would be edified by solemn discussions about "Should Men Serve in Drapery Establishments?" and acrimonious ones about "Tea-Drinking Men"; by cross-shots of public affairs "from the masculine angle," and by irritable correspondence about men who expose their anatomy on beaches (so masculine of them), conceal it in dressing-gowns (too feminine of them), think about nothing but women, pretend an unnatural indifference to women, exploit their sex to get jobs, lower the tone of the office by their sexless appearance, and generally fail to please a public opinion which demands the incompatible.

And at dinner-parties he would hear the wheedling, unctuous, predatory female voice demand: "And why should you trouble your handsome little head about politics?"

If, after a few centuries of this kind of treatment, the male was a little self-conscious, a little on the defensive, and a little bewildered about what was required of him, I should not blame him. If he traded a little upon his sex, I could forgive him. If he presented the world with a major social problem, I should scarcely be surprised. It would be more surprising if he retained any rag of sanity and self-respect.

"The rights of woman," says Dr. Peck, "considered in the economic sphere, seem to involve her in competition with men in the struggle for jobs." It does seem so indeed, and this is hardly to be wondered at; for the competition began to appear when the men took over the women's jobs by transferring them from the home to the factory. The mediaeval woman had effective power and a measure of real (though not political) equality, for she had control of many industries—spinning, weaving, baking, brewing, distilling, perfumery, preserving, pickling—in which she worked with head as well as hands, in command of her own domestic staff. But now the control and direction—all the intelligent part—of those industries have gone to the men, and the women have been left, not with their "proper" *work* but with *employment* in those occupations. And at the same time, they are exhorted to be feminine and return to the home from which all intelligent occupation has been steadily removed.

There has never been any question but that the women of the poor should toil alongside their men. No angry, and no compassionate, voice has been raised to say that women should not break their backs with harvest work, or soil their hands with blacking grates and peeling potatoes. The objection is only to work that is pleasant, exciting or profitable—the work that any human being might think it worth while to do. The boast, "My wife doesn't need to soil her hands with work." first became general when the commercial middle classes acquired the plutocratic and aristocratic notion that the keeping of an idle woman was a badge of superior social status. Man must work, and woman must exploit his labour. What else are they there for? And if the woman submits, she can be cursed for her exploitation; and if she rebels, she can be cursed for competing with the male: whatever she does will be wrong, and that is a great satisfaction.

The men who attribute all the ills of *Homo* to the industrial age, yet accept it as the norm for the relations of the sexes. But the brain, that great and sole true Androgyne, that can mate indifferently with male or female and beget offspring upon itself, the cold brain laughs at their perversions of history. The period from which we are emerging was like no other: a period when empty head and idle hands were qualities for which a man prized his woman and despised her. When, by an odd, sadistic twist of morality, sexual intercourse was deemed to be a marital right to be religiously enforced upon a meek reluctance—as though the insatiable appetite of wives were not one of the oldest jokes in the world, older than mothers-in-law, and far more venerable than kippers. When to think about sex was considered indelicate in a woman, and to think about anything else unfeminine. When to "manage" a husband by lying and the exploitation of sex was held to be honesty and virtue. When the education that Thomas More gave his daughters was denounced as a devilish indulgence, and could only be wrung from the outraged holder of the purse-strings by tears and martyrdom and desperate revolt, in the teeth of the world's mockery and the reprobation of a scandalised Church.

What is all this tenderness about women herded into factories? Is it much more than an excuse for acquiescing in the profitable herding of men? The wrong is inflicted upon *Homo*. There are temperaments suited to herding and temperaments that are not; but the dividing lines do not lie exactly along the sexual boundary. The Russians, it seems, have begun to realise this; but are revolution and blood the sole educational means for getting this plain fact into our heads? Is it only under stress of war that we are ready to admit that the person who does the job best is the person best fitted to do it? Must we always treat women like Kipling's common soldier?

> *It's vamp and slut and gold-digger,*
> *and "Polly, you're a liar!"*
> *But it's "Thank-you, Mary Atkins"*
> *when the guns begin to fire.*

We will use women's work in wartime (though we will pay less for it, and take it away from them when the war is over). But it is an unnatural business, undertaken for no admissible feminine reason—such as to ape the men, to sublimate a sexual repression, to provide a hobby for a leisure, or to make the worker more bedworthy—but simply because, without it all *Homo* (including *Vir*) will be in the soup. But to find satisfaction in doing good work and knowing that it is wanted is human nature; therefore it cannot be feminine nature, for women are not human. It is true that they die in bombardments, much like real human beings: but that we will forgive, since they clearly cannot enjoy it; and we can salve our consciences by rating their battered carcases at less than a man's compensation.*

Women are not human. They lie when they say they have human needs; warm and decent clothing; comfort in the bus; interests directed immediately to God and His universe, not intermediately through any child of man. They are far above man to inspire him, far beneath him to corrupt him; they have feminine minds and feminine natures, but their mind is not one with their nature like the minds of men; they have no human mind and no human nature. "Blessed be God," says the Jew, "that hath not made me a woman."

God, of course, may have His own opinion, but the Church is reluctant to endorse it. I think I have never heard a sermon preached on the story of Mar-

• This last scandal did in the end outrage public opinion and was abolished.

tha and Mary that did not attempt, somehow, somewhere, to explain away its text. Mary's, of course, was the better part—the Lord said so, and we must not precisely contradict Him. But we will be careful not to despise Martha. No doubt, He approved of her too. We could not get on without her, and indeed (having paid lip-service to God's opinion) we must admit that we greatly prefer her. For Martha was doing a really feminine job, whereas Mary was just behaving like any other disciple, male or female; and that is a hard pill to swallow.

Perhaps it is no wonder that the women were first at the Cradle and last at the Cross. They had never known a man like this Man—there never has been such another. A prophet and teacher who never nagged at them, never flattered or coaxed or patronised; who never made arch jokes about them, never treated them either as "The women, God help us!" or "The ladies, God bless them!"; who rebuked without querulousness and praised without condescension; who took their questions and arguments seriously; who never mapped out their sphere for them, never urged them to be feminine or jeered at them for being female; who had no axe to grind and no uneasy male dignity to defend; who took them as he found them and was completely unself-conscious. There is no act, no sermon, no parable in the whole Gospel that borrows its pungency from female perversity; nobody could possibly guess from the words and deeds of Jesus that there was anything "funny" about woman's nature.

But we might easily deduce it from His contemporaries, and from His prophets before Him, and from His Church to this day. Women are not human; nobody shall persuade that they are human; let them say what they like, we will not believe it, though One rose from the dead.

옮긴이 **양혜원**은 서울대 불문과를 졸업하고 수년간 기독교 서적 전문 번역가로 일했다. 이화여대 대학원에서 여성학 석사를 수료했으며 미국 Claremont Graduate University에서 종교학 석사 및 박사 학위를 받았다. 현재 일본 난잔종교문화연구소에서 객원 연구원으로 연구 활동 중이다. 지은 책으로 『유진 피터슨 읽기』(IVP), 『교회 언니, 여성을 말하다』 『교회 언니의 페미니즘 수업』(이상 비아토르)이 있고, 『페미니즘 시대의 그리스도인』(IVP)과 『사랑하며 춤추라』(신앙과 지성사)를 공저했다. 옮긴 책으로 『현실, 하나님의 세계』를 제1권으로 하는 유진 피터슨의 영성 시리즈, 『동성애에 대한 두 가지 견해』 『사랑하는 친구에게』 『눈뜬 자들의 영성』 『인간의 번영』(이상 IVP), 『물총새에 불이 붙듯』 『하나님의 진심』(이상 복있는사람) 등이 있다. 『너를 사랑하기 때문에』와 『토비아스의 우물』로 제19회 기독교출판문화상 어린이 부문 번역상을 수상한 바 있다.

여성은 인간인가?

초판 발행_ 2019년 3월 13일

지은이_ 도로시 세이어즈
옮긴이_ 양혜원
펴낸이_ 신현기

펴낸곳_ 한국기독학생회출판부
등록번호_ 제313-2001-198호(1978.6.1)
주소_ 04031 서울시 마포구 동교로 156-10
대표 전화_ (02)337-2257 팩스_ (02)337-2258
영업 전화_ (02)338-2282 팩스_ 080-915-1515
홈페이지_ http://www.ivp.co.kr 이메일_ ivp@ivp.co.kr
ISBN 978-89-328-1671-5

ⓒ 한국기독학생회출판부 2019

책값은 뒤표지에 있습니다.
무단 전재와 복제를 금합니다.